Impressum
Verlag: BABADADA GmbH, Nedderfeld 112 , 22529 Hamburg
Geschäftsführer / Verlagsleitung: Harald Hof
Druck: Books on Demand GmbH, In de Tarpen 42, 22848 Norderstedt

Imprint
Publisher: BABADADA GmbH, Nedderfeld 112 , 22529 Hamburg, Germany
Managing Director / Publishing direction: Harald Hof
Print: Books on Demand GmbH, In de Tarpen 42, 22848 Norderstedt

paaralan

school

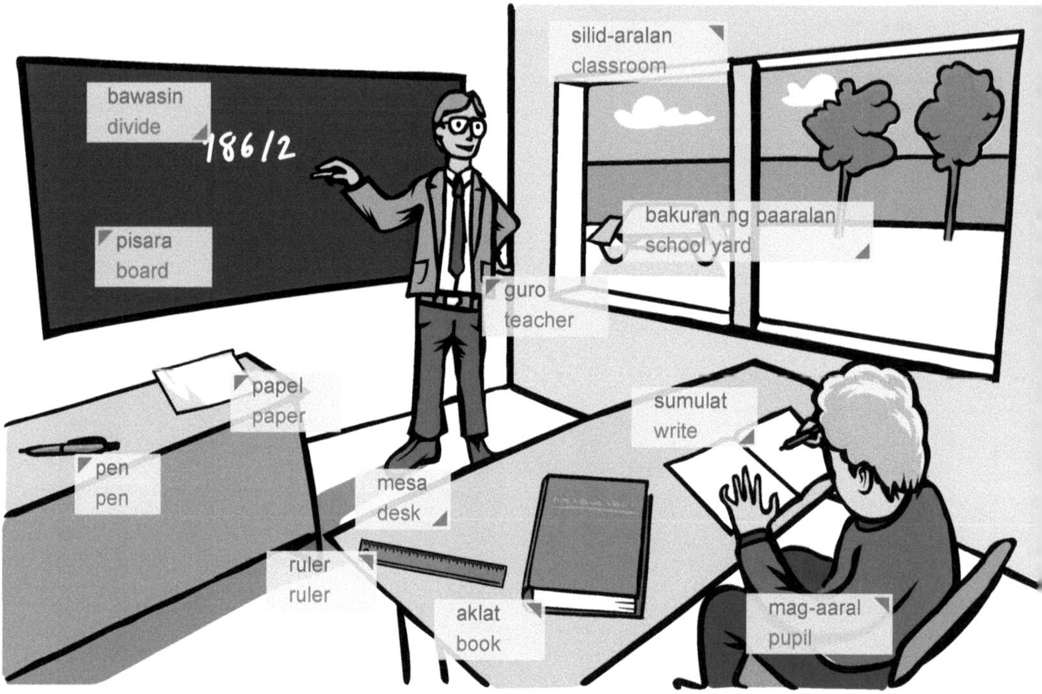

silid-aralan
classroom
bawasin
divide
186/2
pisara
board
bakuran ng paaralan
school yard
guro
teacher
papel
paper
sumulat
write
pen
pen
mesa
desk
ruler
ruler
aklat
book
mag-aaral
pupil

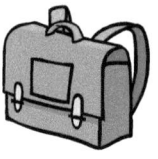

satchel

satchel

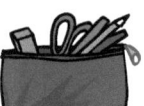

lalagyan ng lapis

pencil case

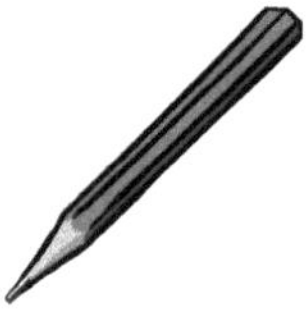

lapis

pencil

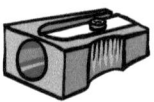

pantasa

pencil sharpener

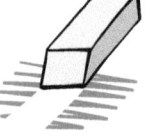

goma

rubber

drowing pad

drawing pad

drowing

drawing

pinsel na pampinta

paintbrush

kahon ng pinta

paint box

gunting

scissors

pandikit

glue

aklat para sa pagsasanay

exercise book

takdang-aralin

homework

numero

number

2+2

dagdagan

add

5-2

bawasin

subtract

2x2

paramihin

multiply

kalkulahin

calculate

liham

letter

alpabeto

alphabet

salita

word

testo

text

basahin

read

yeso

chalk

leksyon

lesson

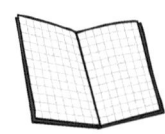

rehistro

register

eksaminasyon

exam

sertipiko

certificate

uniporme sa paaralan

school uniform

edukasyon

education

encyclopedia

encyclopedia

unibersidad

university

mikroskopyo

microscope

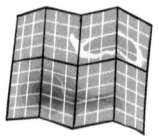

mapa

map

basurahan ng papel

waste-paper basket

paglalakbay
travel

hotel
hotel
Grand
hostel
hostel
ROOMS
EXCHANGE
tanggapan ng palitan ng pera
bureau de change
maleta
suitcase
kotse
car

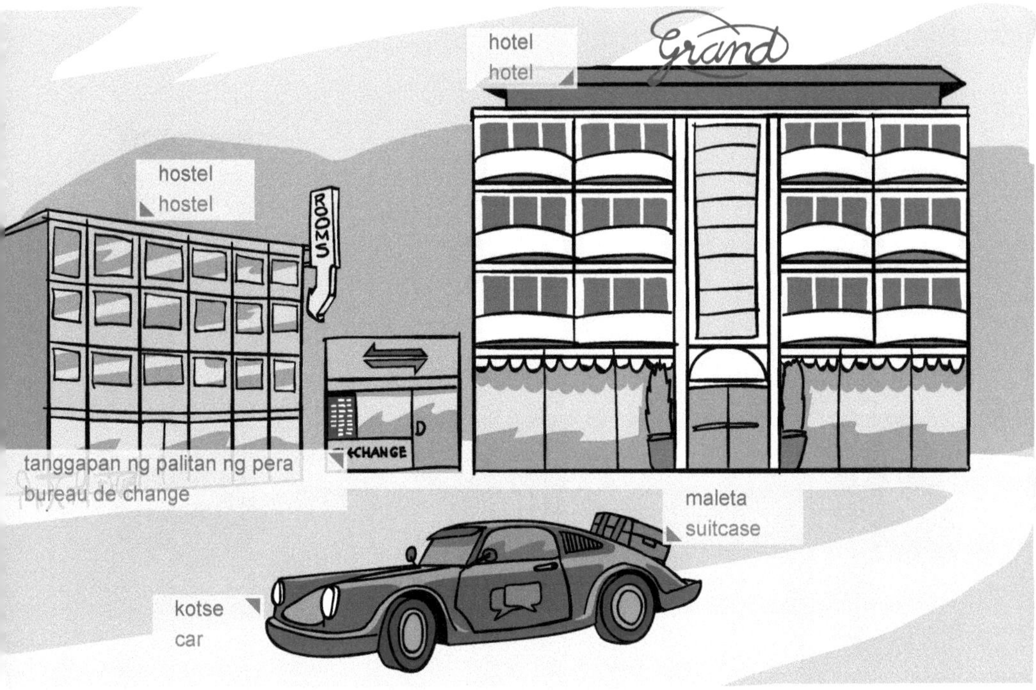

wika

language

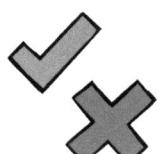

oo / hindi

yes / no

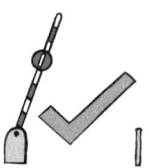

Okey

Okay

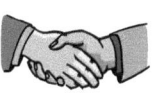

kumusta

hello

tagapagsalin

translator

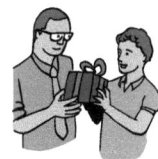

Salamat

Thank you

magkano ang...?

how much is...?

Hindi ko maintindihan

I do not understand

problema

problem

Magandang gabi!

Good evening!

Magandang umaga!

Good morning!

Magandang gabi!

Good night!

paalam

bye bye

direksyon

direction

bahage

luggage

bag

bag

napsak

backpack

panauhin

guest

silid

room

sakong tulugan

sleeping bag

tolda

tent

impormasyon ng turista

tourist information

dalampasigan

beach

credit card

credit card

almusal

breakfast

tanghalian

lunch

hapunan

dinner

tiket

ticket

elebeytor

lift

selyo

stamp

hangganan

border

adwana

customs

embahada

embassy

visa

visa

pasaporte

passport

transportasyon
transport

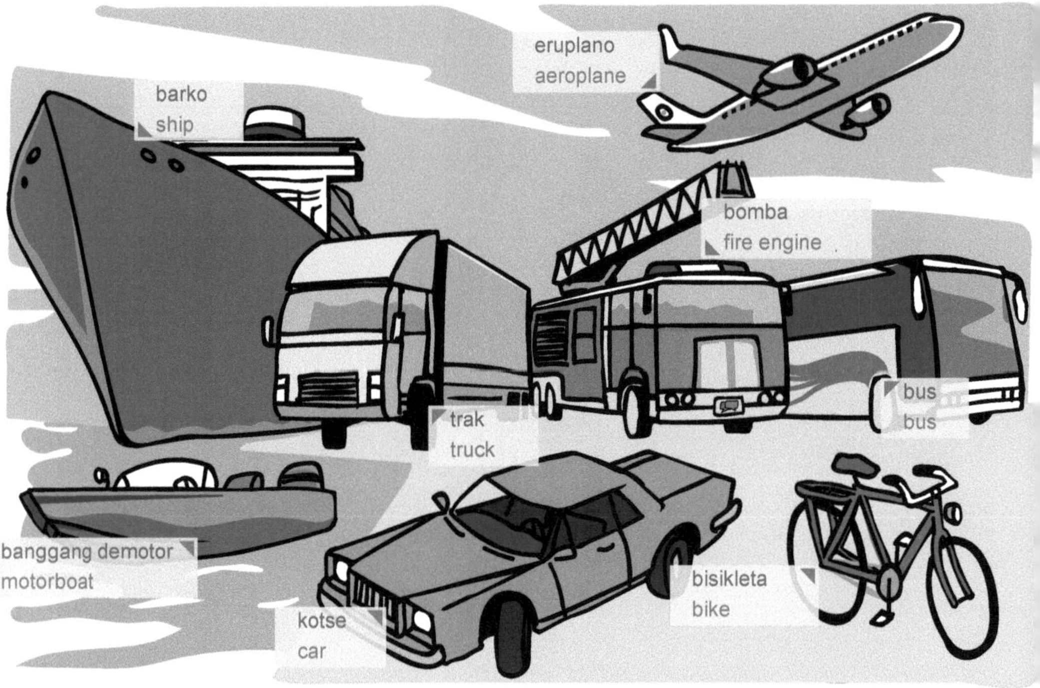

eruplano
aeroplane
barko
ship
bomba
fire engine
bus
bus
trak
truck
banggang demotor
motorboat
bisikleta
bike
kotse
car

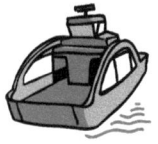

lantsang pantawid
ferry

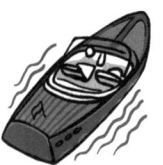

bangka
boat

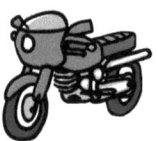

motorsiklo
motorbike

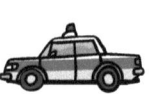

sasakyan ng pulis
police car

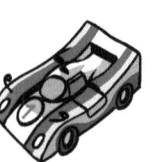

kotseng pangkarera
racing car

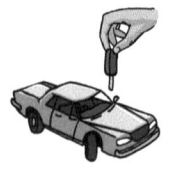

nirerentahang kotse
rental car

car sharing

car sharing

trak na panghila

breakdown truck

trak na pantapon ng basura

refuse truck

motor

motor

panggatong

fuel

gasolinahan

petrol station

karatula ng trapiko

traffic sign

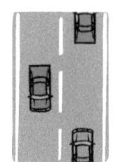

trapiko

traffic

masikip na trapiko

traffic jam

paradahan ng kotse

car park

estasyon ng tren

train station

riles

tracks

tren

train

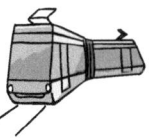

trambya

tram

wagon

carriage

helikopter

helicopter

paliparan

airport

tore

tower

pasahero

passenger

sisidlan

container

karton

carton

kariton

cart

basket

basket

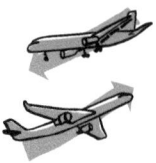

umalis / lumapag

take off / land

lungsod

city

nayon

village

sentro ng lungsod

city centre

bahay

house

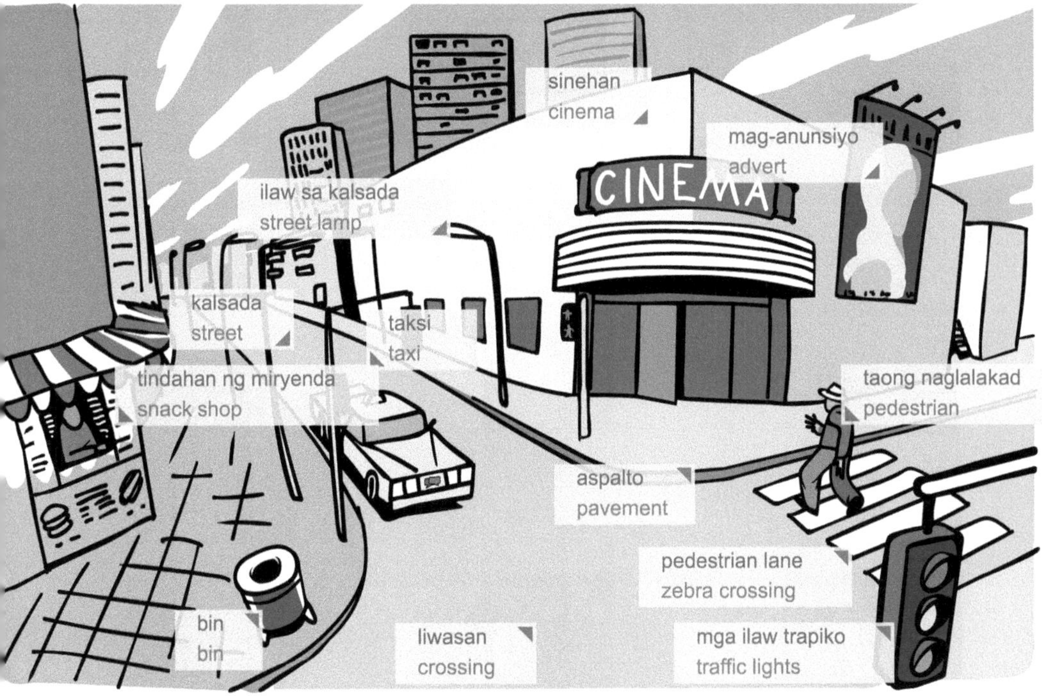

sinehan
cinema

mag-anunsiyo
advert

ilaw sa kalsada
street lamp

CINEMA

kalsada
street

taksi
taxi

tindahan ng miryenda
snack shop

taong naglalakad
pedestrian

aspalto
pavement

pedestrian lane
zebra crossing

bin
bin

liwasan
crossing

mga ilaw trapiko
traffic lights

kubo

hut

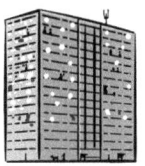

patag

flat

estasyon ng tren

train station

munisipyo

town hall

museo

museum

paaralan

school

unibersidad

university

bangko

bank

ospital

hospital

hotel

hotel

parmasya

pharmacy

opisina

office

tindahan ng aklat

book shop

tindahan

shop

tindahan ng bulaklak

florist's

supermarket

supermarket

palengke

market

department store

department store

tindahan ng isda

fishmonger's

sentrong pamilihan

shopping centre

daungan

harbour

lungsod - city

parke

park

bangko

bench

tulay

bridge

hagdan

stairs

underground

underground

tunel

tunnel

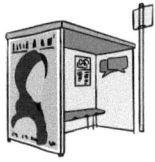

hintuan ng bus

bus stop

bar

bar

restawran

restaurant

kahon ng koreo

postbox

karatula sa kalsada

street sign

metro ng paradahan

parking meter

zoo

zoo

swimming pool

swimming pool

moske

mosque

bukid
farm

polusyon
pollution

libingan
graveyard

simbahan
church

palaruan
playground

templo
temple

tanawin
landscape

dahon
leaf

posteng pananda
signpost

daan
way

parang
meadow

bato
stone

hiker
hiker

kahoy
tree

ilog
river

damo
grass

bulaklak
flower

lambak
valley

burol
hill

look
lake

kagubatan
forest

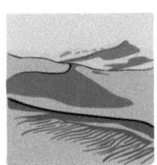

disyerto
desert

bulkan
volcano

kastilyo
castle

bahaghari
rainbow

kabute
mushroom

palmera
palm tree

lamok
mosquito

langaw
fly

langgam
ant

bubuyog
bee

gagamba
spider

salagubang

beetle

palaka

frog

ardilya

squirrel

parkupino

hedgehog

liyebre

hare

kuwago

owl

ibon

bird

sisne

swan

bulugan

boar

usa

deer

moose

moose

dam

dam

turbina ng hangin

wind turbine

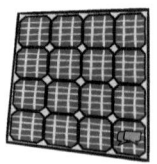

solar panel

solar panel

klima

climate

tanawin - landscape

restawran
restaurant

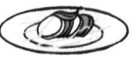

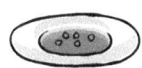

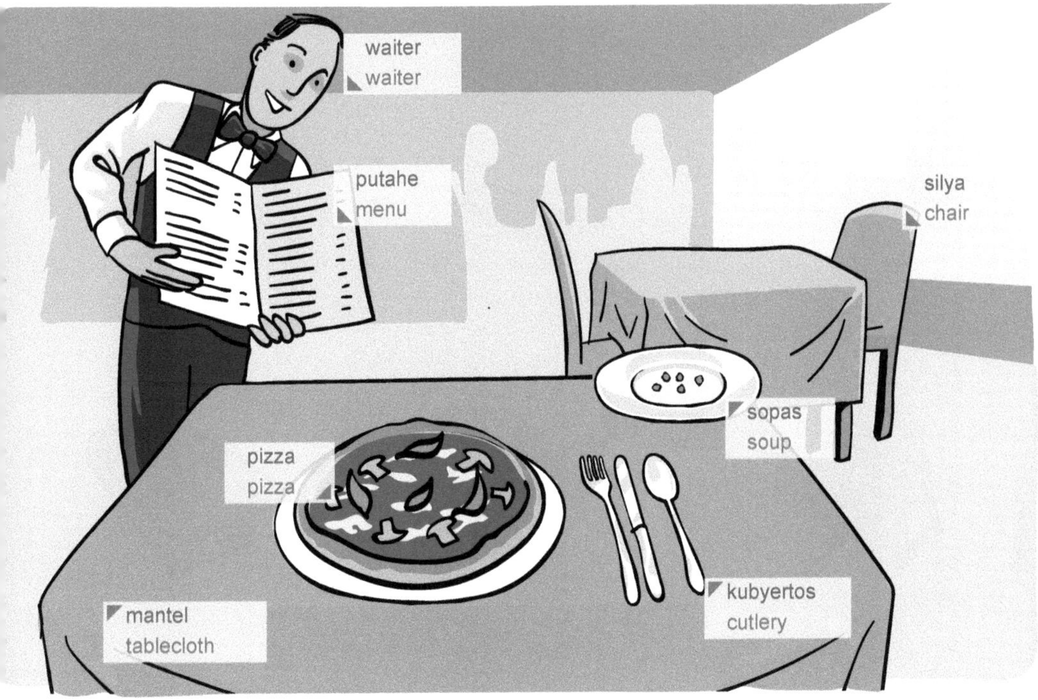
waiter
waiter
putahe
menu
silya
chair
sopas
soup
pizza
pizza
kubyertos
cutlery
mantel
tablecloth

panimula

starter

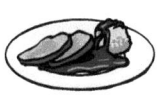

pangunahing pagkain

main course

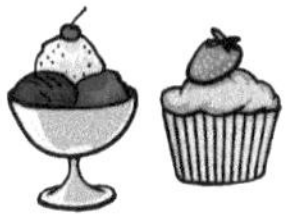

panghimagas

dessert

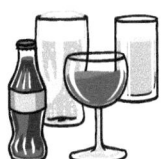

inumin

drinks

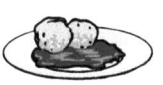

pagkain

food

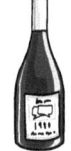

bote

bottle

fastfood

fast food

pagkaing kalye

street food

tsarera

teapot

panutsa

sugar bowl

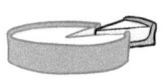

bahagi

portion

espresso machine

espresso machine

mataas na upuan

high chair

bayarin

bill

bandehado

tray

kutsilyo

knife

tinidor

fork

kutsara

spoon

kutsarita

teaspoon

serviette

serviette

baso

glass

restawran - restaurant

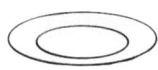

pinggan

plate

platong pansopas

soup plate

platito

saucer

sawsawan

sauce

pangkalog ng asin

salt pot

panggiling ng paminta

pepper mill

suka

vinegar

langis

oil

pampalasa

spices

ketsup

ketchup

mustasa

mustard

mayonnaise

mayonnaise

supermarket

supermarket

espesyal na alok
special offer
FOR
kustomer
customer
produktong mantikilya
dairy
prutas
fruit
troli
trolley

BUTCHERS

butser

butcher´s

BAKERY

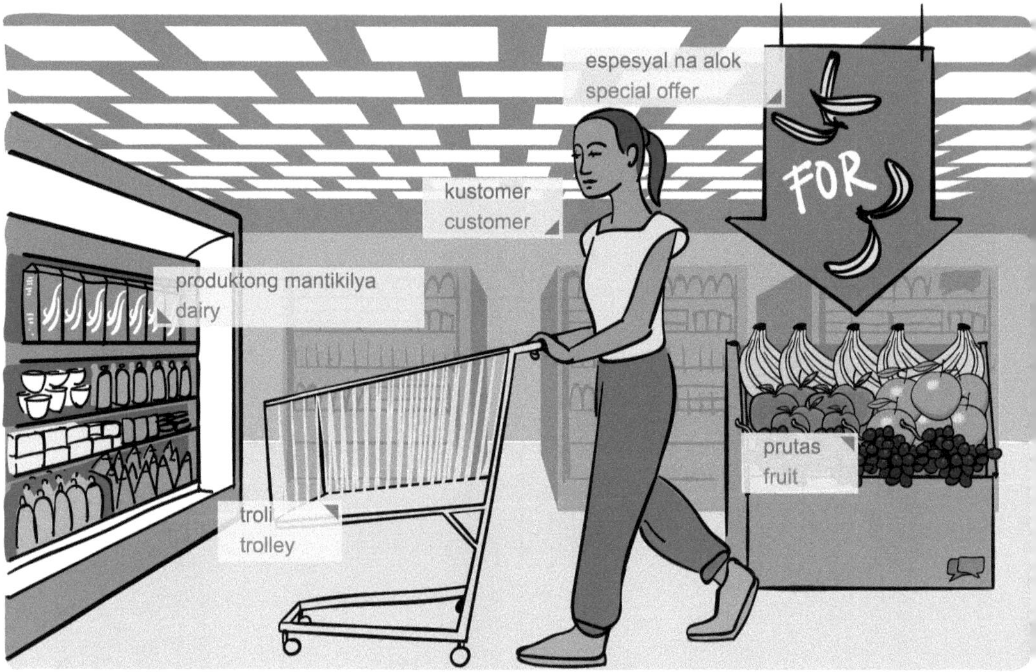

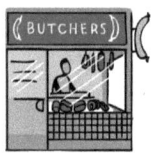

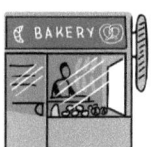

panaderya

baker´s

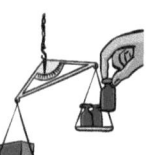

timbang

weigh

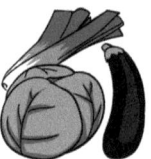

mga gulay

vegetables

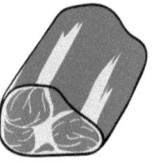

karne

meat

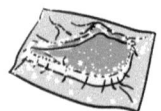

pinalamig na pagkain

frozen food

malamig na karne

cold meat

delatang pagkain

tinned food

pulbos na panlaba

washing powder

matatamis

sweets

mga produktong pambahay

household products

mga produktong panlinis

cleaning products

tindera

salesperson

cash register

till

kahera

cashier

listahan ng pinamili

shopping list

oras ng pagbubukas

opening hours

pitaka

wallet

credit card

credit card

bag

bag

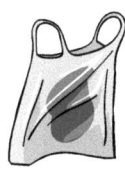

plastik bag

plastic bag

supermarket - supermarket

drinks

tubig

water

juice

juice

gatas

milk

coke

coke

alak

wine

serbesa

beer

alak

alcohol

kakaw

cocoa

tsaa

tea

kape

coffee

espresso

espresso

cappuccino

cappuccino

saging

banana

mansanas

apple

kahel

orange

melon

melon

limon

lemon

carrot

carrot

bawang

garlic

kawayan

bamboo

sibuyas

onion

kabute

mushroom

mani

nuts

noodles

noodles

spaghetti

spaghetti

bigas

rice

ensalada

salad

chips

chips

pritong patatas

fried potatoes

pizza

pizza

hamburger

hamburger

sandwich

sandwich

piraso ng karneng walang buto

cutlet

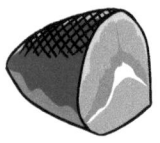

hamon

ham

salami

salami

tsoriso

sausage

manok

chicken

inihaw

roast

isda

fish

mga porridge oat

porridge oats

muesli

muesli

cornflakes

cornflakes

harina

flour

croissant

croissant

rolyong tinapay

bread roll

tinapay

bread

tostado

toast

biskuwit

biscuits

mantikilya

butter

keso

curd

keyk

cake

itlog

egg

pritong itlog

fried egg

keso

cheese

sorbetes

ice cream

asukal

sugar

pulot

honey

jam

jam

tsokolateng pinapahid

chocolate spread

curry

curry

bukid
farm

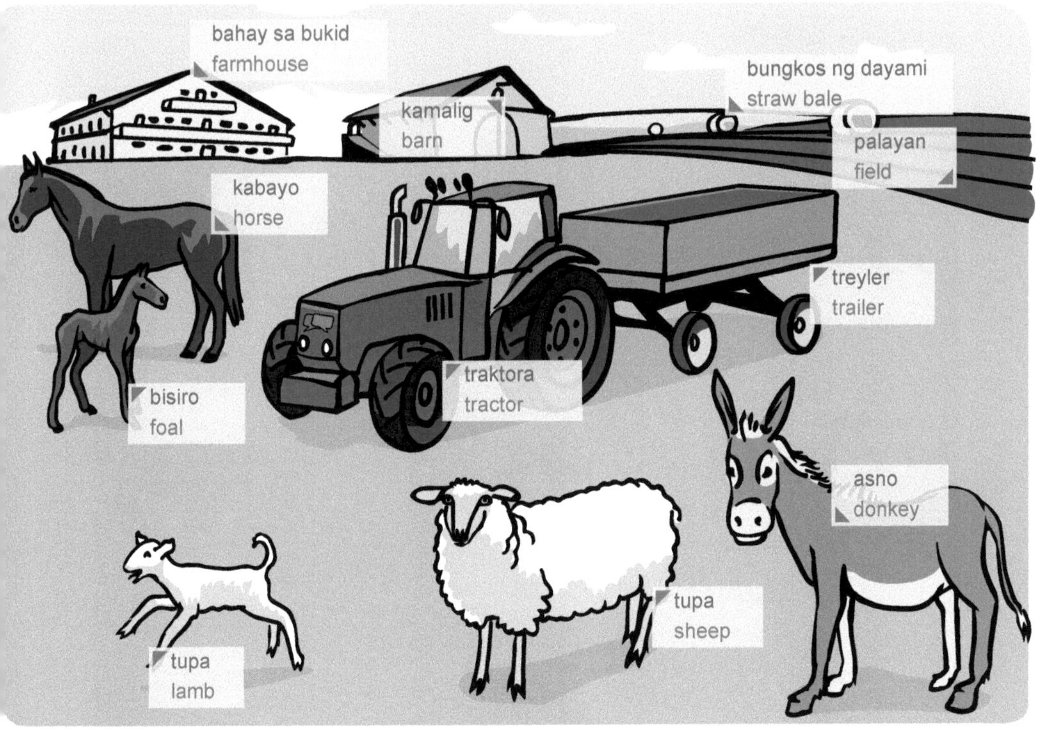

bahay sa bukid
farmhouse
kamalig
barn
bungkos ng dayami
straw bale
palayan
field
kabayo
horse
treyler
trailer
traktora
tractor
bisiro
foal
asno
donkey
tupa
sheep
tupa
lamb

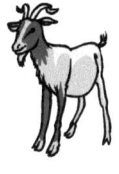

kambing

goat

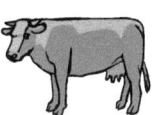

baka

cow

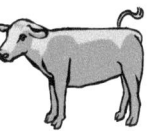

guya

calf

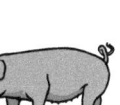

baboy

pig

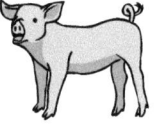

biik

piglet

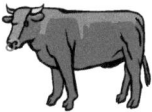

toro

bull

gansa

goose

pato

duck

sisiw

chick

inahin

hen

katyaw

cock

daga

rat

pusa

cat

daga

mouse

kapong baka

ox

aso

dog

bahay ng aso

doghouse

hose sa hardin

garden hose

latang pandilig

watering can

haras

scythe

araro

plough

karit

sickle

asarol

hoe

tuhugin

pitchfork

palakol

axe

karitela

wheelbarrow

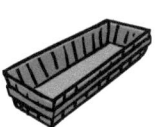

sabsaban

trough

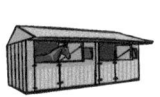

lata ng gatas

milk can

sako

sack

bakod

fence

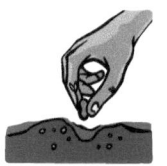

kuwadra

stable

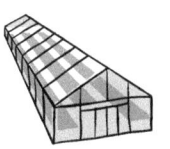

punlaan

greenhouse

lupa

soil

buto

seed

pataba

fertilizer

combine harvester

combine harvester

mag-ani

harvest

ani

harvest

yams

yams

trigo

wheat

soya

soy

patatas

potato

mais

corn

rapeseed

rapeseed

kahoy na namumunga

fruit tree

kamoteng kahoy

cassava

siryal

cereals

bahay
house

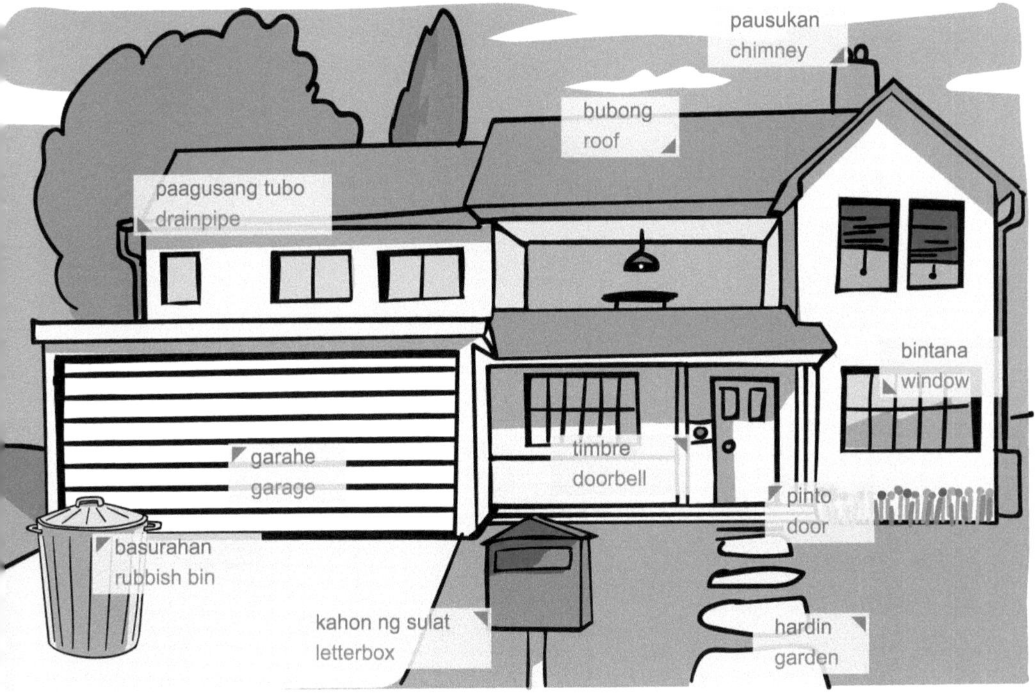
pausukan
chimney
bubong
roof
paagusang tubo
drainpipe
bintana
window
timbre
doorbell
garahe
garage
pinto
door
basurahan
rubbish bin
kahon ng sulat
letterbox
hardin
garden

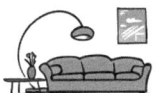

salas
living room

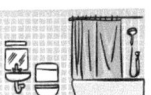

palikuran
bathroom

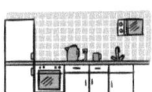

kusina
kitchen

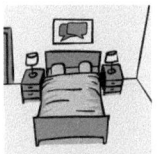

silid-tulugan
bedroom

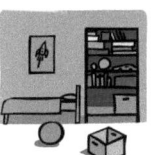

silid ng bata
child's room

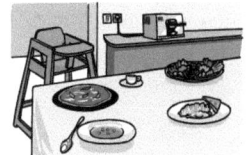

hapag-kainan
dining room

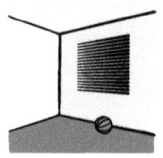

sahig

floor

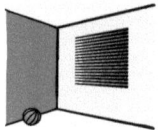

pader

wall

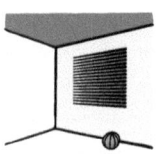

kisame

ceiling

bodega ng alak

cellar

sauna

sauna

balkonahe

balcony

terasa

terrace

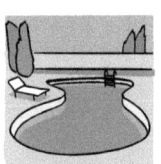

pool

pool

pamputol ng damo

lawn mower

piraso ng papel

sheet

kobrekama

bedspread

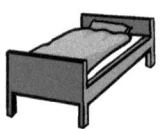

higaan

bed

walis

broom

timba

bucket

pindutan

switch

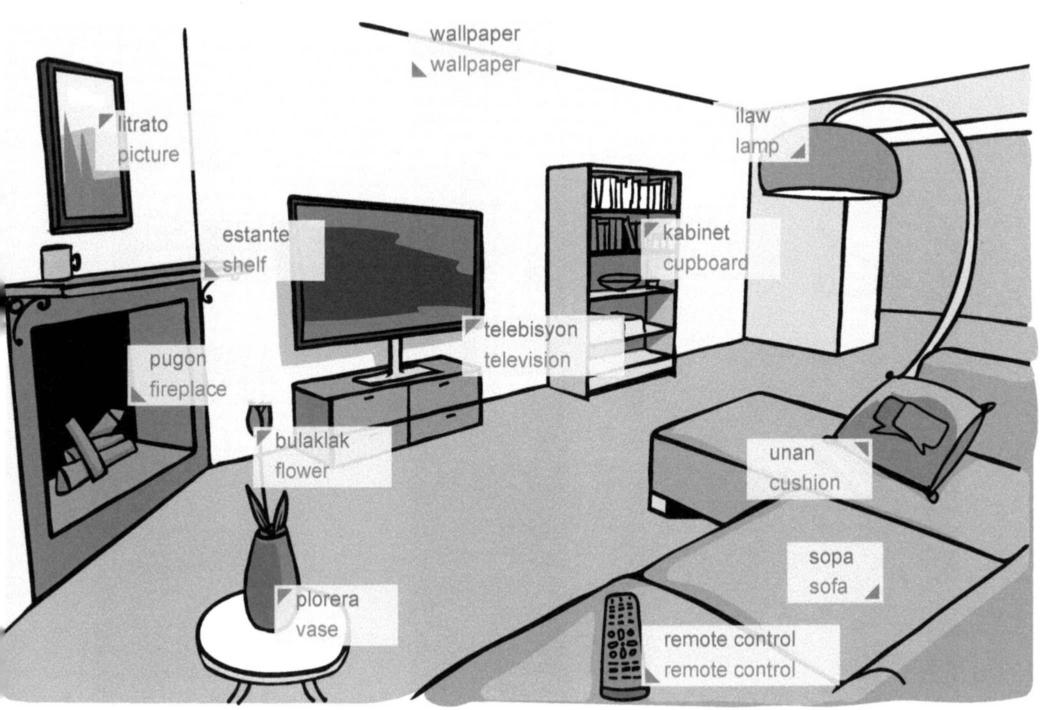

wallpaper
wallpaper

litrato
picture

ilaw
lamp

estante
shelf

kabinet
cupboard

pugon
fireplace

telebisyon
television

bulaklak
flower

unan
cushion

sopa
sofa

plorera
vase

remote control
remote control

karpet
carpet

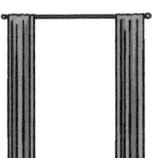

kurtina
curtain

mesa
table

silya
chair

tumba-tumba
rocking chair

sandalan
armchair

aklat

book

kumot

blanket

dekorasyon

decoration

kahoy na panggatong

firewood

pelikula

film

hi-fi

hi-fi equipment

susi

key

dyaryo

newspaper

pinta

painting

poster

poster

radyo

radio

kuwaderno

notepad

vacuum cleaner

hoover

kaktus

cactus

kandila

candle

kusina
kitchen

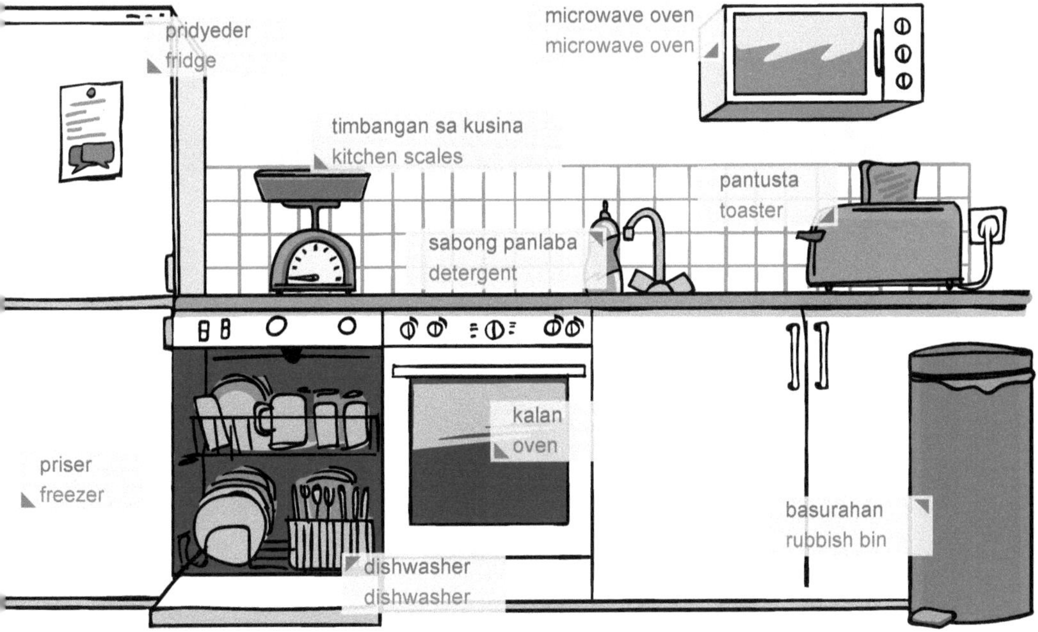

pridyeder
fridge
microwave oven
microwave oven
timbangan sa kusina
kitchen scales
pantusta
toaster
sabong panlaba
detergent
kalan
oven
priser
freezer
basurahan
rubbish bin
dishwasher
dishwasher

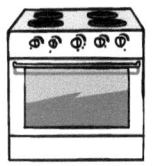

lutuan

cooker

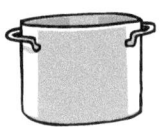

kaldero

pot

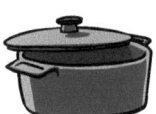

kalderong bakal

cast-iron pot

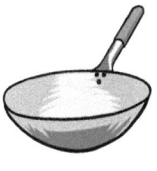

wok / kadai

wok / kadai

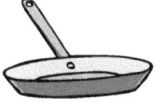

kawali

pan

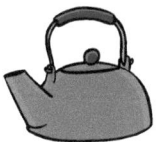

takore

kettle

pasingawan

steamer

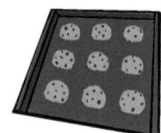

bandehado sa paghuhurno

baking tray

babasagin

crockery

mug

mug

mangkok

bowl

sipit ng intsik

chopsticks

sandok

ladle

spatula

spatula

pampalis

whisk

pansala

strainer

salaan

sieve

pangkayod

grater

almires

mortar

barbikyo

barbecue

siga

open fire

kusina - kitchen

tadtaran

chopping board

rodilyo

rolling pin

tribuson

corkscrew

lata

can

pambukas ng lata

can opener

panghawak ng kaldero

pot holder

lababo

sink

bras

brush

espongha

sponge

blender

blender

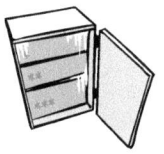

malalim na freezer

deep freezer

bote ng sanggol

baby bottle

gripo

tap

kusina - kitchen

palikuran
bathroom

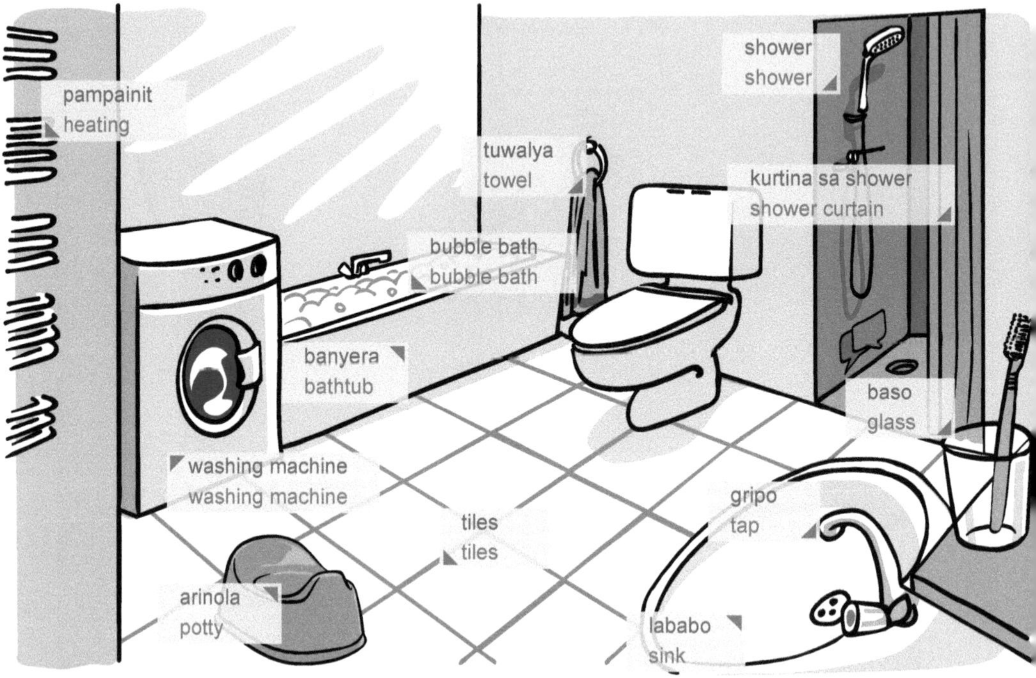

pampainit
heating
tuwalya
towel
shower
shower
kurtina sa shower
shower curtain
bubble bath
bubble bath
banyera
bathtub
baso
glass
washing machine
washing machine
gripo
tap
tiles
tiles
arinola
potty
lababo
sink

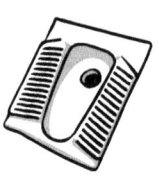

banyo

toilet

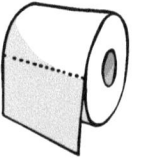

squat toilet

squat toilet

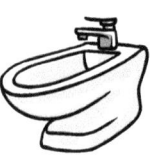

bidet

bidet

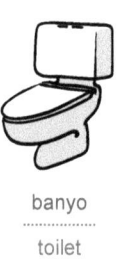

ihian

urinal

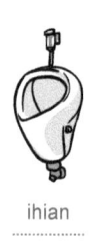

toilet paper

toilet paper

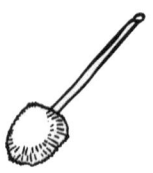

iskoba sa banyo

toilet brush

sipilyo

toothbrush

tutpeyst

toothpaste

dental floss

dental floss

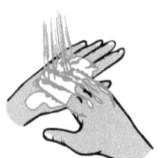

hugasan

wash

shower na hinahawakan

handheld shower

dutsa

douche

palanggana

basin

bras panlikod

back brush

sabon

soap

shower gel

shower gel

shampoo

shampoo

pranela

flannel

paagusan

drain

krema

cream

deodorant

deodorant

salamin

mirror

salaming hinahawakan

hand mirror

pang-ahit

razor

bulang pang-ahit

shaving foam

aftershave

aftershave

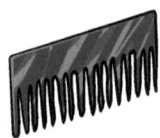

suklay

comb

brush

brush

pantuyo ng buhok

hair dryer

sprey sa buhok

hairspray

makeup

makeup

lipistik

lipstick

pampakintab ng kuko

nail varnish

bulak na lana

cotton wool

panggupit ng kuko

nail scissors

pabango

perfume

washbag

washbag

stool

stool

timbangan

weighing scale

bata

bathrobe

gomang guwantes

rubber gloves

tampon

tampon

malinis na tuwalya

sanitary towel

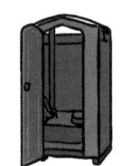

chemical toilet

chemical toilet

silid ng bata
child's room

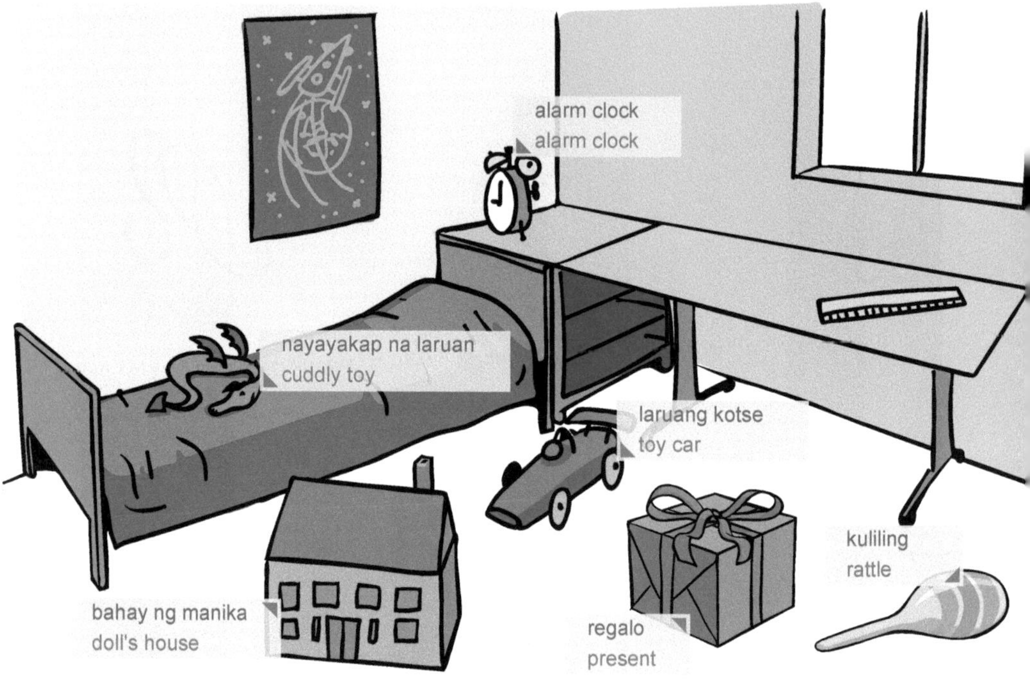

alarm clock
alarm clock
nayayakap na laruan
cuddly toy
laruang kotse
toy car
kuliling
rattle
bahay ng manika
doll's house
regalo
present

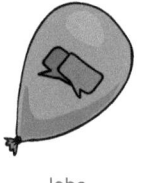

lobo

balloon

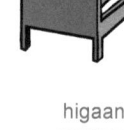

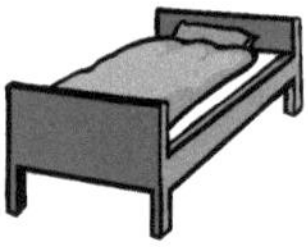

higaan

bed

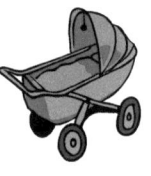

pram

pram

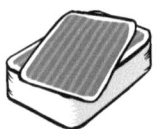

hanay ng mga baraha

deck of cards

jigsaw

jigsaw

SUPER MEGA

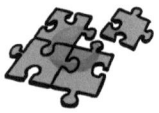

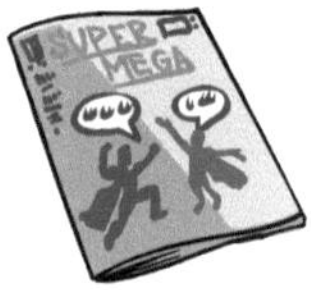

komiks

comic

lego bricks

lego bricks

blokeng laruan

building blocks

action figure

action figure

paglaki ng sanggol

babygrow

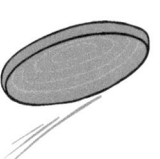

frisbee

frisbee

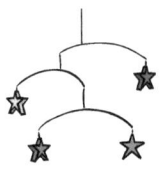

mobile

mobile

board game

board game

dice

dice

model train set

model train set

manikin

dummy

salu-salo

party

aklat ng mga litrato

picture book

bola

ball

manika

doll

maglaro

play

tibagan ng buhangin

sandpit

duyan

swing

mga laruan

toys

video game console

video game console

traysikel

tricycle

teddy bear

teddy bear

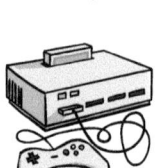

aparador

wardrobe

pananamit

clothing

medyas

socks

stockings

stockings

pampitis

tights

bandana
scarf

payong
umbrella

t-shirt
t-shirt

sinturon
belt

bota
boots

tsinelas
slippers

sneakers
trainers

sandalyas
sandals

sapatos
shoes

botang degoma
rubber boots

salawal
underpants

bra
bra

tsaleko
vest

katawan
body

pantalon
trousers

jeans
jeans

palda
skirt

blusa
blouse

kamiseta
shirt

pullover
pullover

panlamig
hoodie

blazer
blazer

diyaket
jacket

kapa
coat

kapote
raincoat

kasuotan
costume

bistida
dress

damit pangkasal
wedding dress

terno
suit

damit pantulog
nightgown

padyama
pyjamas

sari
sari

bandana sa ulo
headscarf

turban
turban

burka
burqa

kaftan
kaftan

abaya
abaya

panlangoy
swimsuit

trunks
trunks

salawal
shorts

tracksuit
tracksuit

apron
apron

guwantes
gloves

butones

button

salamin

glasses

pulseras

bracelet

kuwintas

necklace

singsing

ring

hikaw

earring

takip

cap

sabitan ng kapa

coat hanger

sombrero

hat

kurbata

tie

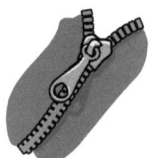

siper

zip

helmet

helmet

tirante

braces

uniporme sa paaralan

school uniform

uniporme

uniform

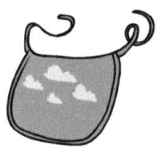

bibero

bib

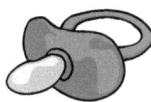

manikin

dummy

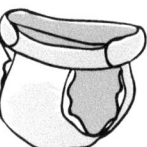

lampin

nappy

opisina

office

server
server
kabinet ng file
filing cabinet
printer
printer
papel
paper
monitor
monitor
mesa
desk
mouse
mouse
polder
folder
keyboard
keyboard
basurahan ng papel
waste-paper basket
kompyuter
computer
upuan
chair

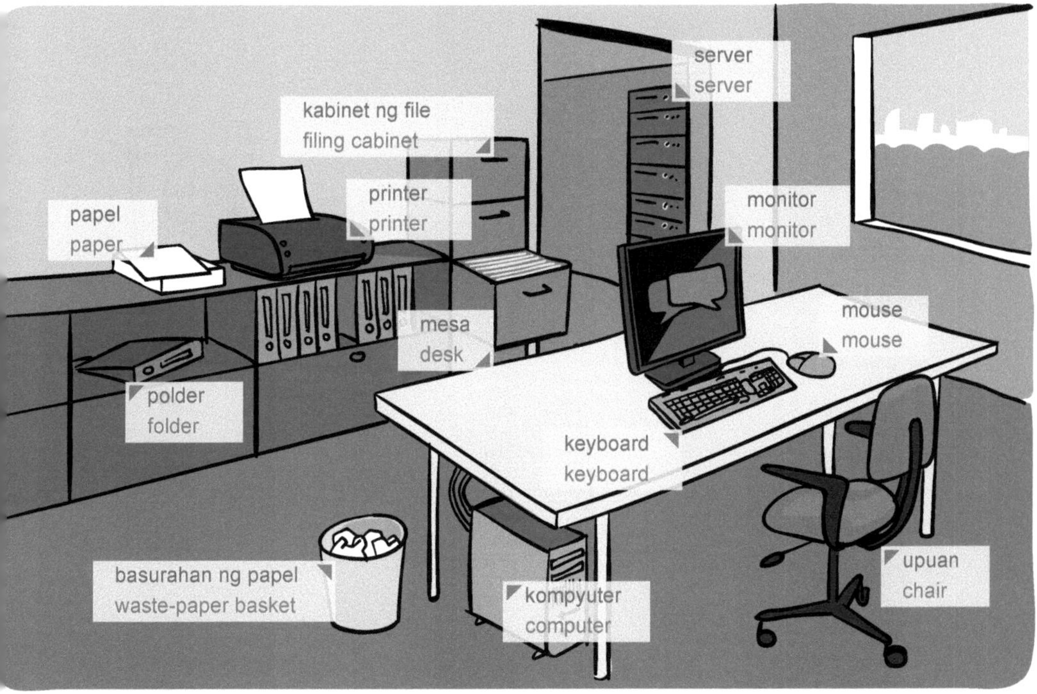

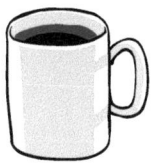

tasa ng kape

coffee mug

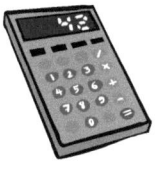

calculator

calculator

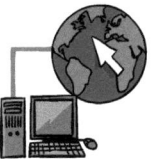

internet

internet

laptop

laptop

sulat

letter

mensahe

message

mobile

mobile

network

network

photocopier

photocopier

software

software

telepono

telephone

saksakan

plug socket

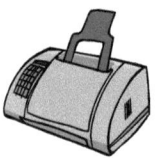

fax machine

fax machine

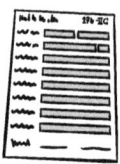

anyo

form

dokumento

document

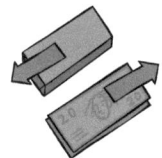

bumili

buy

magbayad

pay

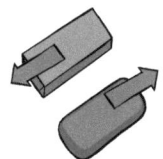

ikalakal

trade

pera

money

 **USD**

dolyar

dollar

 **EUR**

euro

euro

 **JPY**

yen

yen

 **RUB**

rublo

rouble

 **CHF**

swiss franc

Swiss franc

 **CNY**

renminbi yuan

renminbi yuan

 **INR**

rupee

rupee

cash point

cashpoint

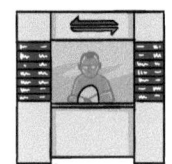

tanggapan ng palitan ng pera

bureau de change

ginto

gold

tanso

silver

langis

oil

enerhiya

energy

presyo

price

kontrata

contract

buwis

tax

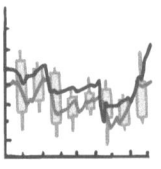

stock

stock

trabaho

work

empleyado

employee

taga-empleyo

employer

pabrika

factory

tindahan

shop

mga trabaho
occupations

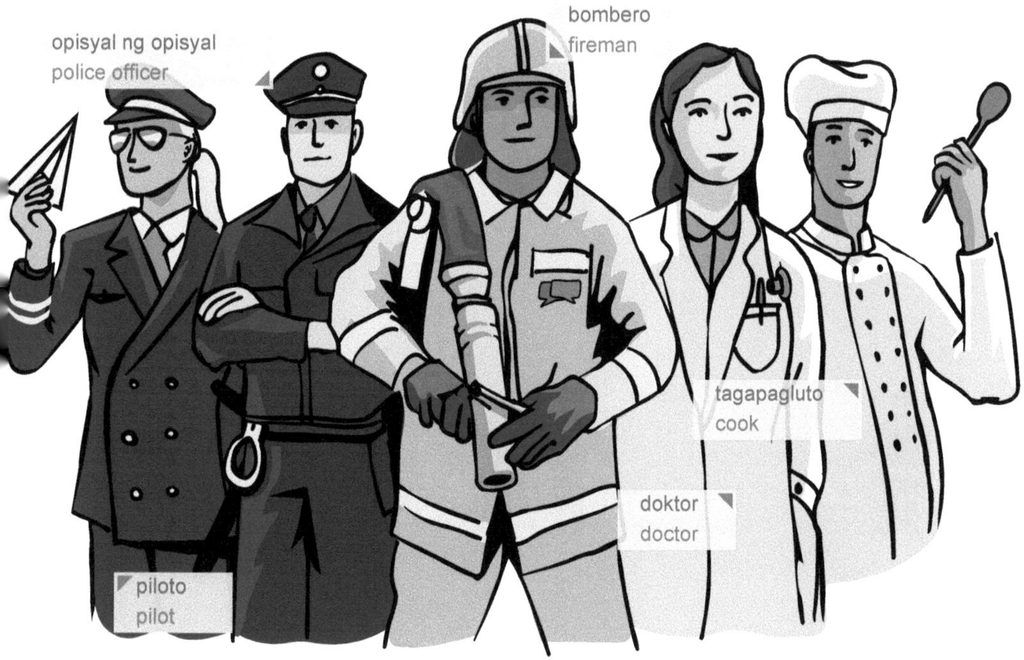
opisyal ng opisyal
police officer
bombero
fireman
tagapagluto
cook
doktor
doctor
piloto
pilot

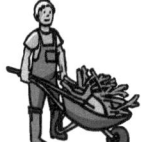

hardinero
gardener

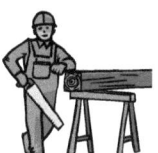

karpentero
carpenter

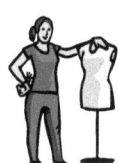

mananahi
seamstress

hukom
judge

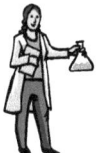

kemiko
chemist

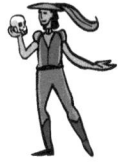

aktor
actor

tsuper ng bus

bus driver

tsuper ng taxi

taxi driver

mangingisda

fisherman

tagapaglinis

cleaning lady

tagapagkabit ng bubong

roofer

waiter

waiter

mangangaso

hunter

pintor

painter

panadero

baker

elektrisyan

electrician

tagapagtayo

builder

inhinyero

engineer

magkakarne

butcher

tubero

plumber

kartero

postman

sundalo

soldier

arkitekto

architect

kahera

cashier

magtitinda ng bulaklak

florist

manggugupit

hairdresser

konduktor

conductor

mekaniko

mechanic

kapitan

captain

dentista

dentist

siyentipiko

scientist

rabbi

rabbi

imam

imam

monghe

monk

klero

clergyman

mga kagamitan
tools

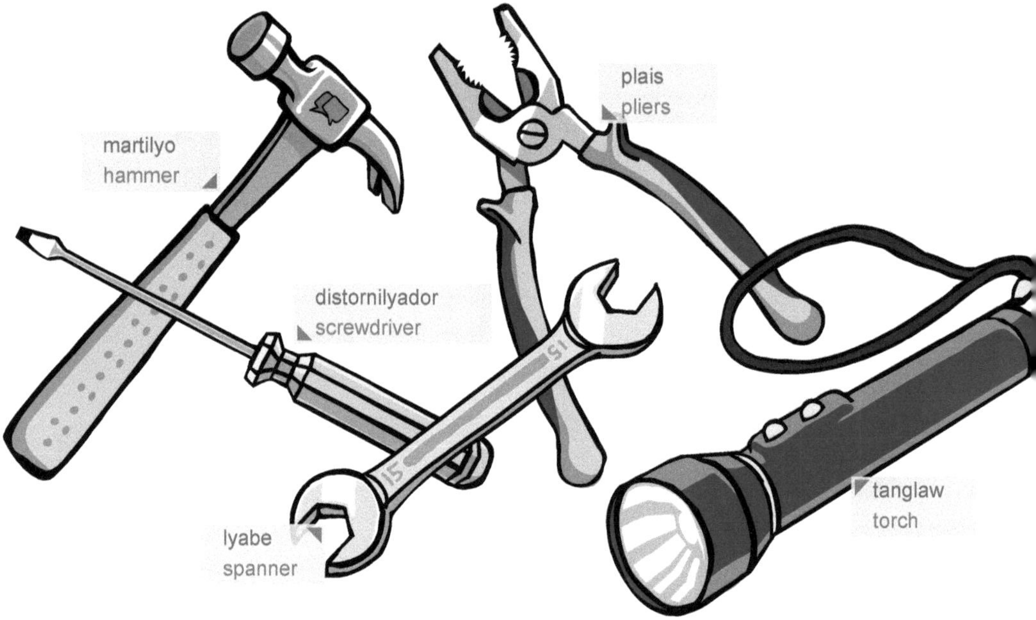

martilyo
hammer

plais
pliers

distornilyador
screwdriver

lyabe
spanner

tanglaw
torch

panghukay
digger

toolbox
toolbox

hagdan
ladder

lagari
saw

mga pako
nails

pambutas
drill

kumpunihin
....
repair

pala
....
shovel

Kainis!
....
Damn!

pandakot
....
dustpan

palayok ng pintura
....
paint pot

mga tornilyo
....
screws

mga pangmusikang instrumento
musical instruments

drumset
drum kit

loud speaker
loudspeaker

double bass
double bass

trumpeta
trumpet

gitara
guitar

piyano

piano

biyolin

violin

bass

bass

timpani

timpani

mga drum

drums

keyboard

keyboard

saksopon

saxophone

plauta

flute

mikropono

microphone

ZOO

ZOO

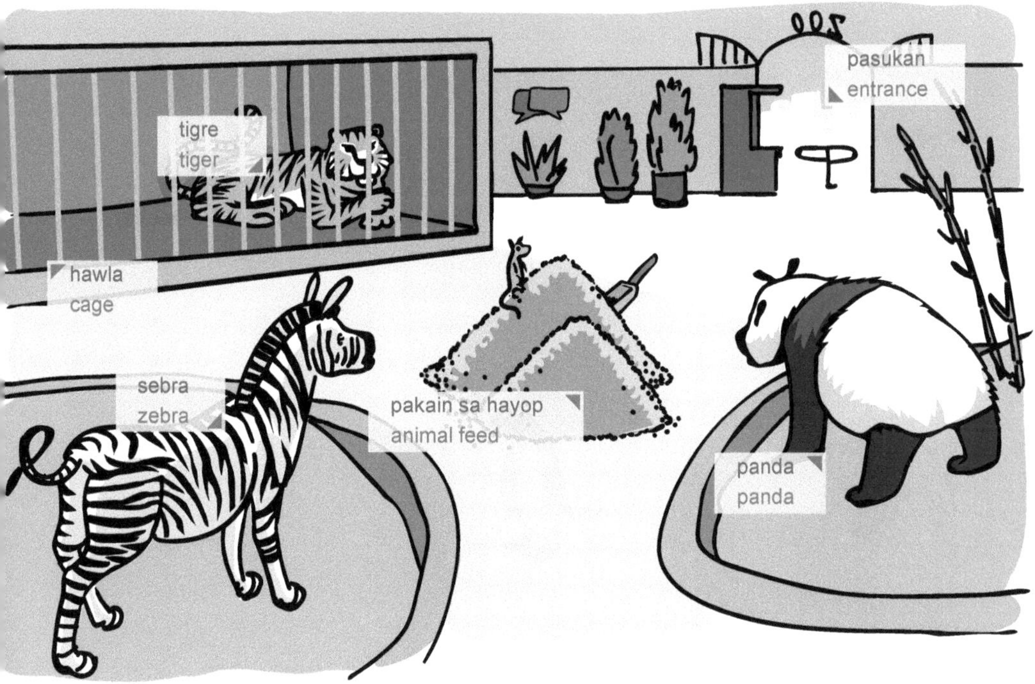

tigre
tiger
pasukan
entrance
hawla
cage
sebra
zebra
pakain sa hayop
animal feed
panda
panda

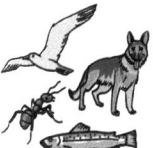

mga hayop

animals

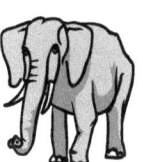

elepante

elephant

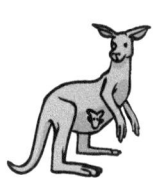

kanggaro

kangaroo

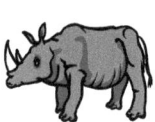

rhino

rhino

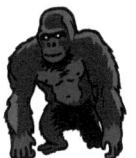

gorilya

gorilla

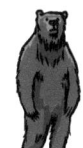

oso

bear

kamelyo

camel

ostrich

ostrich

leon

lion

unggoy

monkey

flamingo

flamingo

loro

parrot

polar bear

polar bear

penguin

penguin

pating

shark

paboreal

peacock

ahas

snake

buwaya

crocodile

tagapag-alaga ng zoo

zookeeper

seal

seal

jaguar

jaguar

buriko

pony

leopardo

leopard

hipo

hippo

dyirap

giraffe

agila

eagle

bulugan

boar

isda

fish

pagong

turtle

walrus

walrus

soro

fox

gasel

gazelle

Amerikanong putbol
American football

pamimisikleta
cycling

tennis
tennis

basketbol
basketball

paglalangoy
swimming

boksing
boxing

ice-hockey
ice hockey

soccer
football

badminton
badminton

atletiks
athletics

handball
handball

skiing
skiing

polo
polo

mga aktibidad
activities

tumawa
laugh
tumalon
jump
yakapin
hug
lumakad
walk
kumanta
sing
mangarap
dream
magdasal
pray
halikan
kiss

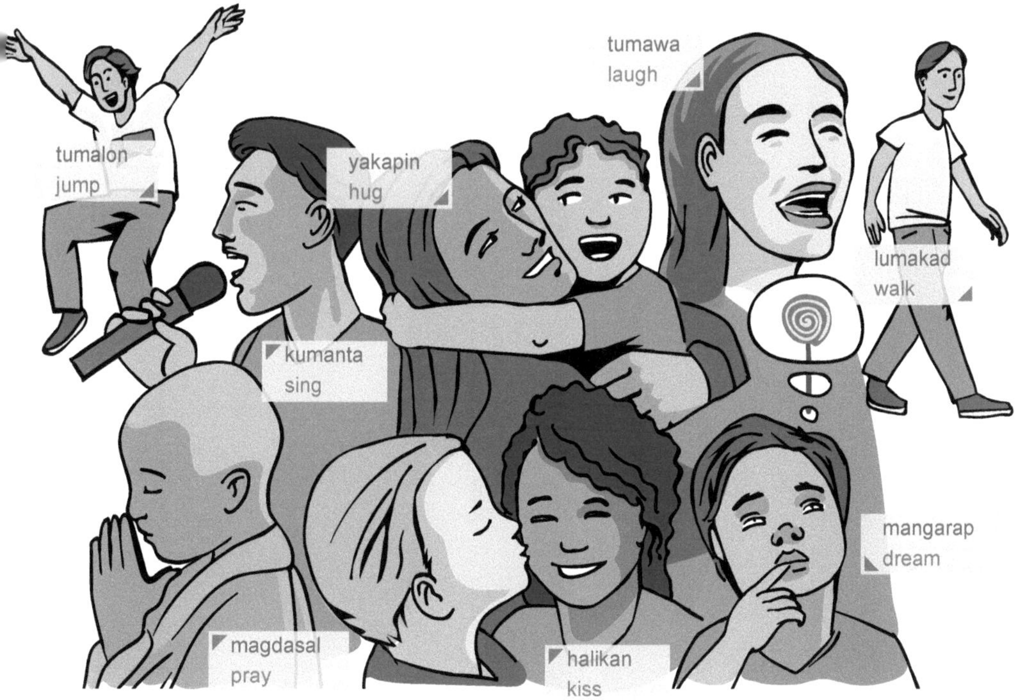

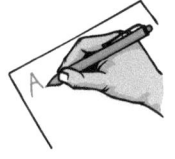

sumulat

write

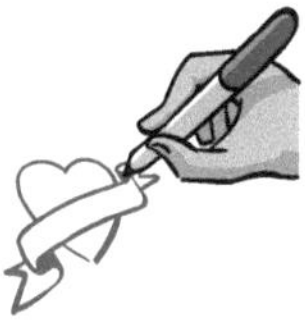

gumuhit

draw

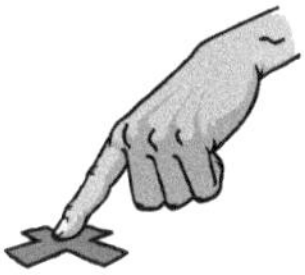

ipakita

show

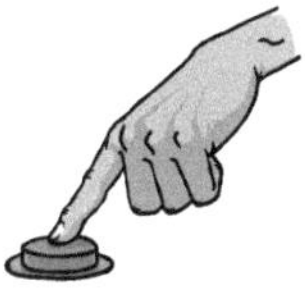

itulak

push

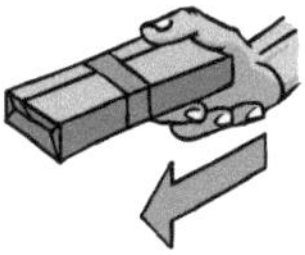

magbigay

give

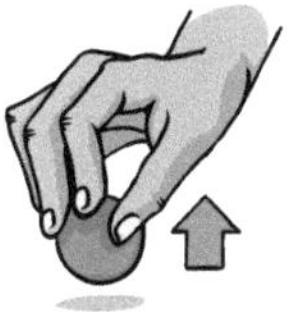

kunin

take

magkaroon

have

gawin

do

maging

be

tumayo

stand

tumakbo

run

hilahin

pull

itapon

throw

malaglag

fall

mahiga

lie

hintayin

wait

dalhin

carry

umupo

sit

magbihis

get dressed

matulog

sleep

gumising

wake up

tumingin

look at

umiyak

cry

estilo

stroke

magsuklay

comb

magsalita

talk

intindihin

understand

magtanong

ask

makinig

listen

uminom

drink

kumain

eat

linisin

tidy up

mahal

love

magluto

cook

magmaneho

drive

lumipad

fly

maglayag
sail

kalkulahin
calculate

basahin
read

matuto
learn

trabaho
work

pakasalan
marry

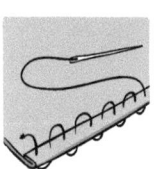

tahiin
sew

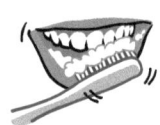

magsipilyo ng ngipin
brush teeth

patayin
kill

manigarilyo
smoke

magpadala
send

lola
grandmother

lolo
grandfather

ama
father

ina
mother

sanggol
baby

anak na babae
daughter

anak na lalaki
son

panauhin

guest

tiya

aunt

tiyo

uncle

kuya

brother

ate

sister

katawan
body

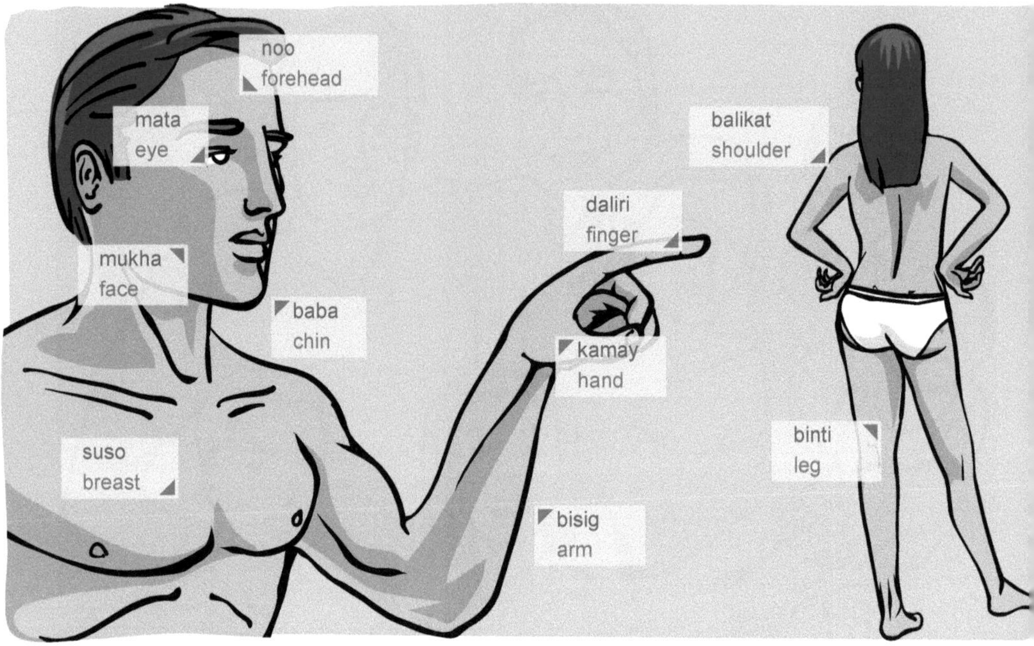

noo
forehead

mata
eye

balikat
shoulder

daliri
finger

mukha
face

baba
chin

kamay
hand

suso
breast

binti
leg

bisig
arm

sanggol

baby

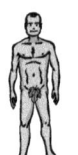

lalaki

man

babae

woman

batang babae

girl

batang lalaki

boy

ulo

head

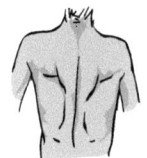

likod

back

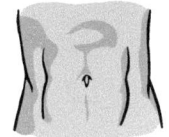

tiyan

belly

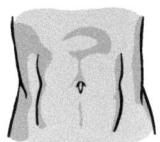

pusod

belly button

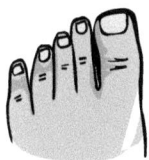

daliri ng paa

toe

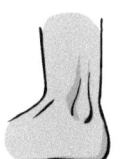

takong

heel

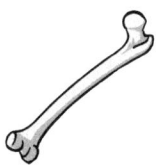

buto

bone

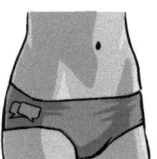

balakang

hip

tuhod

knee

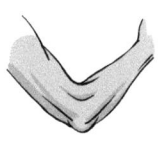

siko

elbow

ilong

nose

gitna

bottom

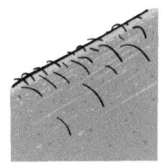

balat

skin

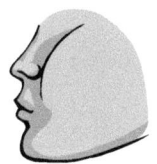

pisngi

cheek

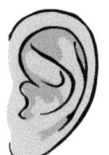

tainga

ear

labi

lip

bibig

mouth

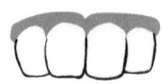

ngipin

tooth

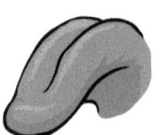

dila

tongue

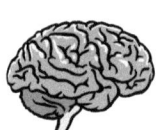

utak

brain

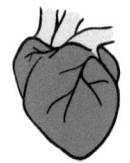

puso

heart

kalamnan

muscle

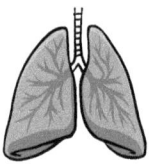

baga

lung

atay

liver

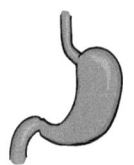

sikmura

stomach

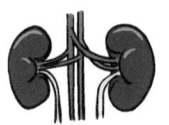

mga bato

kidneys

pagtatalik

sex

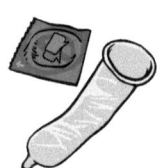

kondom

condom

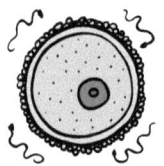

obyum

ovum

semen

semen

pagbubuntis

pregnancy

katawan - body

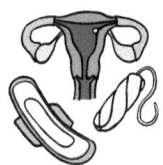

pagreregla

menstruation

vagina

vagina

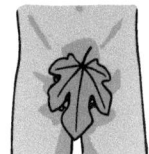

ari ng lalaki

penis

kilay

eyebrow

buhok

hair

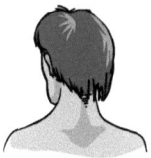

leeg

neck

ospital

hospital

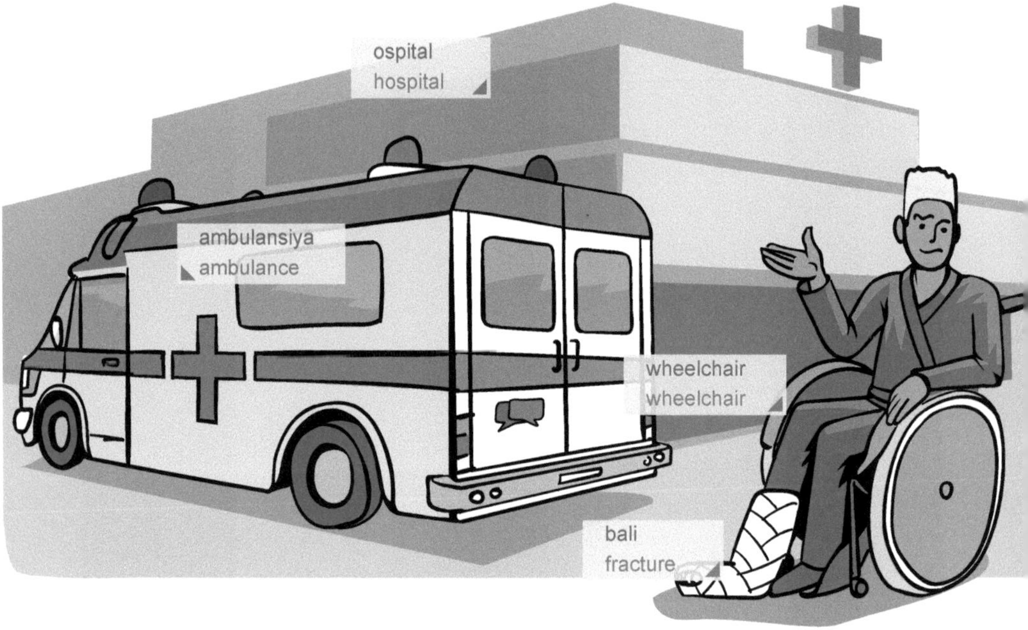

ospital
hospital
ambulansiya
ambulance
wheelchair
wheelchair
bali
fracture

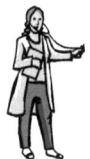

doktor

doctor

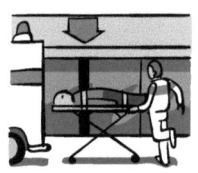

silid pang-emergency

emergency room

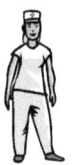

nars

nurse

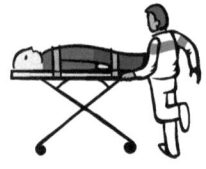

emerhensiya

emergency

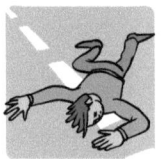

walang malay

unconscious

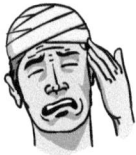

pananakit

pain

pinsala

injury

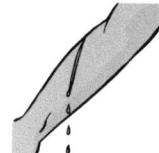

nagdurugo

bleeding

atake sa puso

heart attack

atake serebral

stroke

alerdye

allergy

ubo

cough

lagnat

fever

trangkaso

flu

pagdudumi

diarrhoea

sakit ng ulo

headache

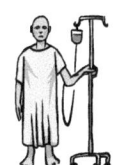

kanser

cancer

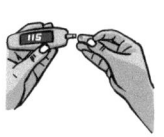

diyabetis

diabetes

siruhano

surgeon

iskalpel

scalpel

operasyon

operation

CT
CT

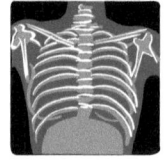

x-ray
x-ray

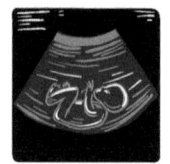

ultrasound
ultrasound

maskara sa mukha
face mask

sakit
disease

silid-antayan
waiting room

saklay
crutch

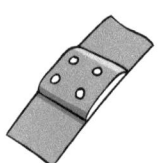

plaster
plaster

benda
bandage

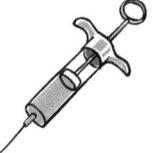

iniksyon
injection

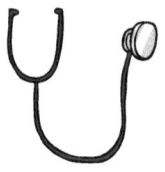

istetoskopyo
stethoscope

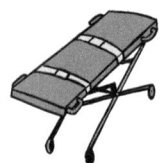

estretser
stretcher

klinikal na termometro
clinical thermometer

pagsilang
birth

labis sa timbang
overweight

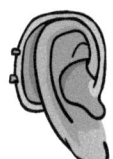

hearing-aid

hearing aid

pang-disimpekta

disinfectant

impeksyon

infection

bayrus

virus

HIV / AIDS

HIV / AIDS

medisina

medicine

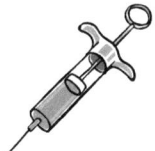

bakuna

vaccination

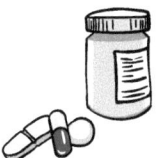

mga tableta

tablets

tabletas

pill

emergency na tawag

emergency call

pagmamatyag sa presyon ng dugo

blood pressure monitor

may sakit / malusog

ill / healthy

Tulong!

Help!

alarma

alarm

asulto

assault

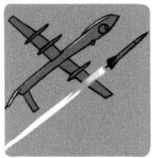

atake

attack

panganib

danger

labasang pang-emergency

emergency exit

Sunog!

Fire!

fire extinguisher

fire extinguisher

aksidente

accident

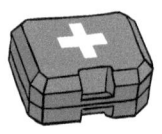

kagamitan sa paunang lunas

first-aid kit

SOS

SOS

pulis

police

Europa

Europe

Hilagang Amerika

North America

Timog Amerika

South America

Aprika

Africa

Asya

Asia

Australia

Australia

Atlantika

Atlantic

Pasipiko

Pacific

Dagat Indiano

Indian Ocean

Dagat Antarktika

Antarctic Ocean

Dapat Arktika

Arctic Ocean

Hilagang polo

North Pole

Timog polo

South Pole

Antartika

Antarctica

mundo

Earth

lupa

land

dagat

sea

isla

island

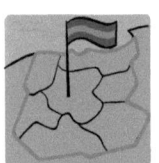

bansa

nation

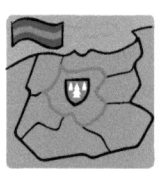

estado

state

mukha ng orasan

clock face

orasang kamay

hour hand

minutong kamay

minute hand

segundong kamay

second hand

Anong oras na?

What time is it?

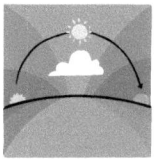

araw

day

oras

time

ngayon

now

digital na relo

digital watch

minuto

minute

oras

hour

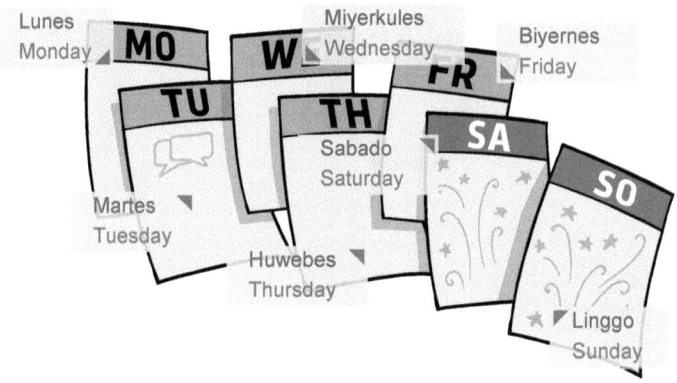

Lunes
Monday

Miyerkules
Wednesday

Biyernes
Friday

Martes
Tuesday

Sabado
Saturday

Huwebes
Thursday

Linggo
Sunday

kahapon

yesterday

ngayon

today

bukas

tomorrow

umaga

morning

tanghali

noon

gabi

evening

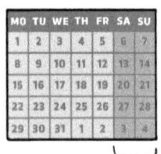

mga araw ng negosyo

business days

katapusan ng linggo

weekend

taon

year

ulan
rain
bahaghari
rainbow
niyebe
snow
hangin
wind
tagsibol
spring
taglagas
autumn
tag-init
summer
taglamig
winter

4.APRIL 11°
5.APRIL 4°
6.APRIL 13°
7.APRIL 8°
8.APRIL 10°

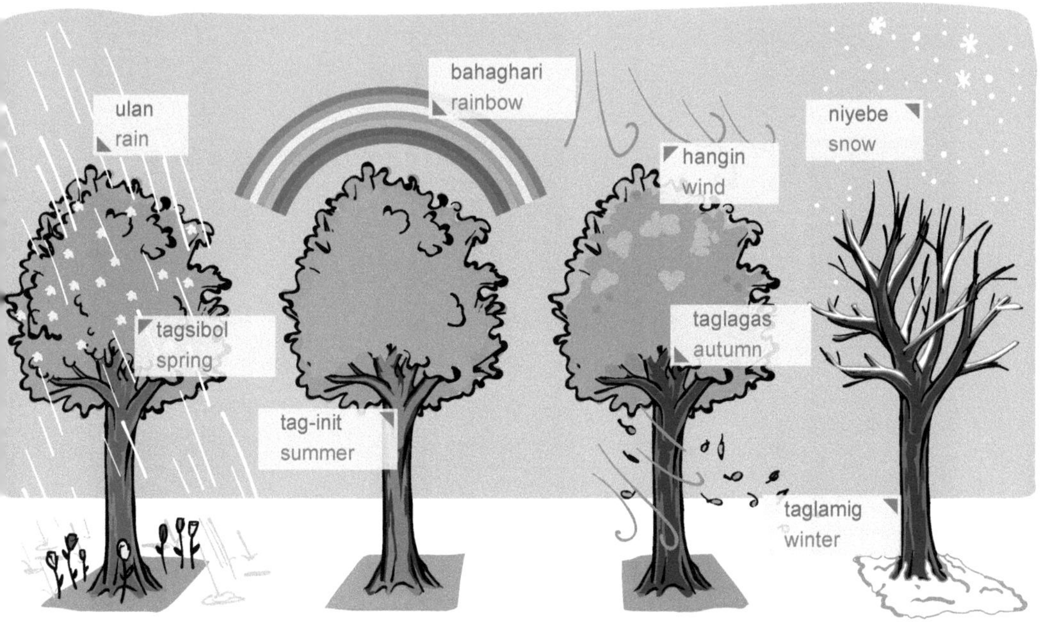

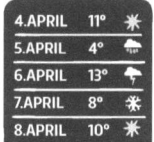

lagay ng panahon

weather forecast

F
C
120
90
60
30
0
-30
40
30
20
10
0
-10
-20

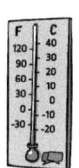

termometro

thermometer

sikat ng araw

sunshine

ulap

cloud

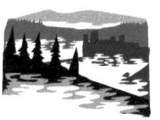

hamog

fog

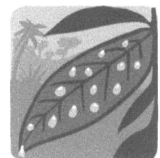

kahalumigmigan

humidity

kidlat

lightning

kulog

thunder

bagyo

storm

may yelong ulan

hail

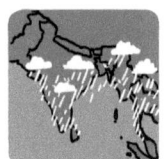

tag-ulan

monsoon

pagkain

flood

yelo

ice

Enero

January

Pebrero

February

Marso

March

Abril

April

Mayo

May

Hunyo

June

Hulyo

July

Agosto

August

taon - year

Setyembre

September

Oktubre

October

Nobyembre

November

Disyembre

December

mga hugis
shapes

bilog

circle

parisukat

square

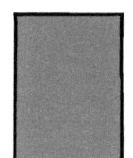

rektanggulo

rectangle

tatsulok

triangle

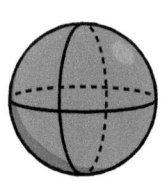

pabilog

sphere

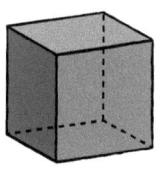

kyub

cube

puti

white

dilaw

yellow

kahel

orange

rosas

pink

pula

red

ube

purple

asul

blue

berde

green

brown

brown

grey

grey

itim

black

marami / kakaunti

a lot / a little

takot / kalmado

angry / calm

maganda / pangit

beautiful / ugly

simula / katapusan

beginning / end

malaki / maliit

big / small

matingkad / madilim

bright / dark

kuya / ate

brother / sister

malinis / madumi

clean / dirty

kumpleto / kulang

complete / incomplete

araw / gabi

day / night

patay / buhay

dead / alive

malawak / makipot

wide / narrow

nakakain / hindi nakakain

edible / inedible

masama / mabuti

evil / kind

nakakatuwa / nakakainip

excited / bored

mataba / payat

fat / thin

una / huli

first / lasl

kaibigan / kaaway

friend / enemy

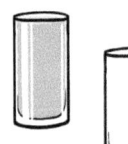

puno / walang laman

full / empty

matigas / malambot

hard / soft

mabigat / magaan

heavy / light

gutom / uhaw

hunger / thirst

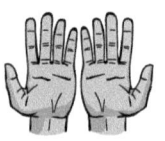

may sakit / malusog

ill / healthy

ilegal / legal

illegal / legal

matalino / tanga

intelligent / stupid

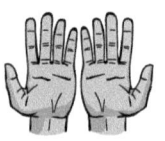

kaliwa / kanan

left / right

malapit / malayo

near / far

bago /gamit na

new / used

wala /mayroon

nothing / something

matanda / bata

old / young

naka-on / naka-off

on / off

bukas / sarado

open / closed

tahimik / maingay

quiet / loud

mayaman / mahirap

rich / poor

tama / mali

right / wrong

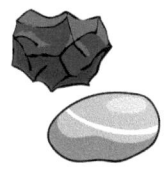

magaspang / makinis

rough / smooth

malungkot / masaya

sad / happy

maikli / mahaba

short / long

mabagal / mabilis

slow / fast

basa / tuyo

wet / dry

maligamgam / malamig

warm / cool

digmaan / kapayapaan

war / peace

numbers

0

sero

zero

1

isa

one

2

dalawa

two

3

tatlo

three

4

apat

four

5

lima

five

6

anim

six

7

pito

seven

8

walo

eight

9

siyam

nine

10

sampu

ten

11

labing-isa

eleven

12

labindalawa

twelve

13

labintatlo

thirteen

14

labing-apat

fourteen

15

labinlima

fifteen

16

labing-anim

sixteen

17

labimpito

seventeen

18

labing-walo

eighteen

19

labinsiyam

nineteen

20

dalawampu

twenty

100

daan

hundred

1.000

libo

thousand

1.000.000

milyon

million

mga wika
languages

Ingles

English

Amerikan na Ingles

American English

Tsinong Mandarin

Chinese Mandarin

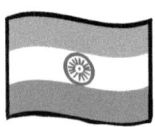

Hindi

Hindi

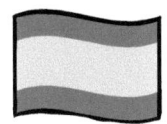

Espanyol

Spanish

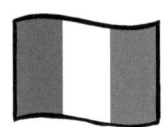

Pranses

French

Arabe

Arabic

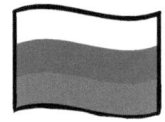

Ruso

Russian

Portuges

Portuguese

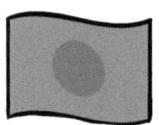

Bengali

Bengali

Aleman

German

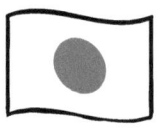

Hapon

Japanese

ako

I

ikaw

you

siya / siya / ito

he / she / it

kami

we

ikaw

you

sila

they

sino?

who?

ano?

what?

paano?

how?

saan?

where?

kailangan?

when?

pangalan

name

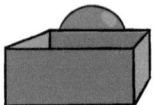

likuran

behind

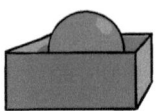

saan

in

sa harap ng

in front of

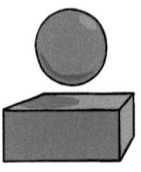

itaas

over

sa

on

ilalim

under

katabi

beside

pagitan

between

lugar

place